Richard Hennig

Das Rätsel der Atlantis

Richard Hennig

Das Rätsel der Atlantis

ISBN/EAN: 9783954273287
Erscheinungsjahr: 2013
Erscheinungsort: Bremen, Deutschland

© maritimepress in Europäischer Hochschulverlag GmbH & Co. KG, Fahrenheitstr. 1, 28359 Bremen. Alle Rechte beim Verlag und bei den jeweiligen Lizenzgebern.

www.maritimepress.de | office@maritimepress.de

Bei diesem Titel handelt es sich um den Nachdruck eines historischen, lange vergriffenen Buches. Da elektronische Druckvorlagen für diese Titel nicht existieren, musste auf alte Vorlagen zurückgegriffen werden. Hieraus zwangsläufig resultierende Qualitätsverluste bitten wir zu entschuldigen.

MEERESKUNDE   HEFT 161   BAND X

DAS RÄTSEL DER ATLANTIS

VON

PROFESSOR DR. RICHARD HENNIG
DÜSSELDORF

VERLEGT BEI E·S·MITTLER & SOHN·BER

MEERESKUNDE
SAMMLUNG VOLKSTÜMLICHER VORTRÄGE
ZUM VERSTÄNDNIS DER NATIONALEN BEDEUTUNG VON
MEER UND SEEWESEN

VIERZEHNTER BAND	FÜNFTES HEFT

DAS RÄTSEL DER ATLANTIS.
Von Professor Dr. Richard Hennig, Düsseldorf.

Wenn nicht alles täuscht, steht eine der größten Rätselfragen der historischen Geographie, die nun schon 2000 Jahre hart umstritten ist, jetzt vor ihrer endgültigen Lösung; diese Lösung ist anscheinend sogar zwei im Jahre 1922 erschienenen wissenschaftlichen Arbeiten bereits gelungen. Seit den Tagen Platos, der uns die Kunde von ihr übermittelt hat, besteht das Problem der Insel A t l a n t i s, von der man nicht weiß, ob sie je existiert hat oder nicht.

An zwei Stellen seiner Dialoge, im „Timäus" und im „Kritias", beschäftigt sich Plato eingehend mit der Atlantis-Überlieferung, die, wie es heißt, ein ägyptischer Priester aus dem Schatze seines Geheimwissens heraus dem weisen Solon anvertraut hat und die von einem blühenden und mächtigen Kulturstaat ältester Zeit zu berichten weiß. Dieser Priester erzählt im „Timäus"[1]) von dem äußeren Meere, das draußen vor den Säulen des Herakles, im Atlantischen Ozean, gegen die Gestade Europas brandet:

„Damals war nämlich dieses Meer schiffbar, denn vor dem Eingange, der, wie ihr sagt, die Säulen des Herakles heißt, befand sich eine Insel, größer als Asien (K l e i n - asien!) und Libyen zusammengenommen; von ihr stand den Reisenden der Zugang zu den übrigen Inseln offen und von diesen zu dem gegenüberliegenden, an jenem wahren Meere gelegenen Festland. Was sich nämlich innerhalb jenes erwähnten Eingangs befindet, erscheint als ein Hafen mit

---
[1]) Kap. 24E bis 25D, deutsche Übersetzung von Hieron. Müller (etwas verbessert), S. 142/143. Leipzig 1857.

einer engen Einfahrt, jenes äußere Meer aber wohl wirklich als ein Meer, und das umgebende Land mit dem vollsten Rechte als ein unbegrenztes Festland. Auf dieser Insel vereinte sich auch eine große, wundervolle Macht von Königen, denen die ganze Insel sowie viele andere Inseln und Teile des Festlandes gehorchten. Außerdem herrschten sie auch innerhalb, hier in Libyen bis Ägypten, in Europa aber bis Tyrrhenien   Indem aber in späterer Zeit Erdbeben und Überschwemmungen eintraten, versank, indem nur ein schlimmer Tag und eine schlimme Nacht hereinbrach, eure Heeresmacht insgesamt und mit einem Male unter die Erde, und in gleicher Weise wurde auch die Insel Atlantis durch Versinken in das Meer den Augen entzogen. Dadurch ist auch das dortige Meer unbefahrbar geworden und undurchforscht geblieben, weil die großen Untiefen des Schlammes, den die untergehende Insel zurückließ, hinderlich wurden."

Diese Angaben des „Timäus" werden ergänzt durch die sehr viel genaueren des „Kritias", durch den wir auch über die inneren Staatseinrichtungen der untergegangenen Insel Atlantis unterrichtet werden. Man hat oft gemeint, Plato habe die Insel Atlantis als ein Land Utopien erfunden, etwa wie Swift die Länder Liliput und Brobdignac oder wie Mörike sein „Orplid, mein Land, das ferne leuchtet", erfunden zu dem Zweck, seinen Idealstaat an einem erdichteten Beispiel zu schildern. Schon im Altertum ist dieser Meinung Ausdruck gegeben worden. Aristoteles z. B. sah die Kunde von der Insel Atlantis, die sich ganz ausschließlich in jenen zwei Dialogen Platos erhalten hat, als reine Fabel an, ebenso Strabo und Plinius; Poseidonius dagegen nahm sie als eine Mischung von Fabel und Wahrheit, wie es vor 100 Jahren auch Alexander v. Humboldt tat. Die Annahme einer reinen Märchendichtung ist in geographischen Dingen immer sehr bequem, wenn man keine bessere Erklärung weiß; aber im vorliegenden Fall dürfte diese Auffassung aus dem einfachen Grunde völlig unhaltbar sein, weil Platos älterer Dialog, der

„Timäus", überhaupt nichts von inneren Staatseinrichtungen der Insel Atlantis erwähnt, diese vielmehr erst in der jüngeren, erheblich wertloseren unvollendeten Fortsetzung, im „Kritias", gewürdigt werden.

Für unsere Zwecke besonders bemerkenswert sind aus dem „Kritias" folgende Stellen[2]):

„.. das Meer, welches deshalb das Atlantische hieß, weil damals der erste König den Namen Atlas führte. Dessen nachgeborenen Zwillingsbruder, dem das äußerste nach den Säulen des Herakles zu belegene Stück der Insel zugefallen war, der Landstrich, der jetzt der Gadeirische heißt (Gades-Cadix) . . . Die Nachkommenschaft behauptete die Königswürde viele Menschenalter hindurch, indem der Älteste sie stets auf den Ältesten übertrug . . . Vermöge ihrer Herrschaft floß ihnen von außen her vieles zu, das meiste aber lieferte die Insel selbst, vor allem was da an Starrem und Schmelzbarem durch den Bergbau gewonnen wird . . . Erstens also war der Sage nach die ganze Gegend vom Meere aus sehr hoch und steil, um die Stadt herum dagegen durchgängig eine flache und gleichmäßige Ebene, von bis an das Meer herablaufenden Bergen rings umschlossen, durchaus mehr lang als breit . . . Dieser Strich der ganzen Insel liegt nach Norden gegen den Nordwind geschützt, nach Süden offen. Von den ihn umgebenden Bergen rühmte der Erzähler, daß sie an Menge, Größe und Anmut alle jetzt noch vorhandenen überträfen."

Daß in diesen Berichten des Plato fabelhafte Elemente enthalten sind, liegt ohne weiteres auf der Hand. Schon allein die Behauptung, ein Teil des Ozeans sei durch das Versinken der Insel unschiffbar geworden oder die riesige Insel sei in einer Nacht vom Meer verschlungen worden, trägt den Stempel des Märchens unverkennbar auf der Stirn. Katastrophen von solchem Umfang und solcher Plötzlichkeit sind unserer Erdgeschichte durchaus fremd geblieben. Un-

---

[2]) Aus Kap. 7 und 10, Ausg. Müller, S. 330/331 und 335. Leipzig 1857.

bedeutende Inselchen können infolge von Erdbeben wohl verschwinden oder neu entstehen: wo ist aber jemals eine auch nur mäßig große Insel im Erdbeben spurlos zugrunde gegangen? Bei der größten geschichtlich bekannten Erdkatastrophe, der Explosion der Vulkaninsel Krakatoa (26. bis 27. August 1883) wurden ganze 18 qkm einer unbewohnten Insel in die Luft geblasen. Aber eine Insel, „so groß wie Kleinasien und Libyen zusammengenommen", ja, schon eine tausendfach kleinere, kann nicht in Tagen vom Erdboden ausgetilgt werden. Lediglich in geologischen Zeiträumen ist ein solches Geschehen vorstellbar. Sturm- und Erdbebenfluten mögen wohl gewaltige Landstrecken grauenhaft verwüsten und überfluten, jedoch das Land kann dabei nie d a u e r n d im Wasser versinken, wenn es nicht von vornherein tiefer als der Meeresspiegel lag. Aber wie oft kommt denn derartiges vor? Selbst der Einbruch der Zuidersee in die holländische Landmasse hat sich nur im Laufe von Jahrhunderten vollziehen können; und das in der ungeheuren Elisabethflut vom 18. November 1421 ersäufte Südholland, das großenteils unter dem Meeresspiegel lag, ist später zum größten Teil dem Meere wieder abgerungen worden.

Nein, außer in Sagen kommt das plötzliche und dauernde Versinken ganzer Städte und Inseln im Wasser als Folge von Erdbeben und Sturmfluten nicht vor. Nichts berechtigt also zu der Annahme, daß eine Rieseninsel wie die Atlantis das ihr von Plato zugeschriebene Ende wirklich gefunden hat. War sie einmal vorhanden, so müßte sie es noch heute sein. Daß eine Insel von der angegebenen Größe in junggeologischer Zeit irgendwo im Westen der Gibraltarstraße draußen im Atlantischen Ozean gelegen haben kann, ist restlos ausgeschlossen. Die Geologie lehrt das Gegenteil, der Ozean weist allenthalben in dem in Betracht kommenden Gebiet recht ansehnliche Tiefen auf. Damit entfällt übrigens auch die Möglichkeit, daß noch vor zweieinhalb Jahrtausenden eben dieser Ozean irgendwo durch Schlamm und Untiefen unbefahrbar gewesen ist.

Wo soll man nun aber die Insel Platos suchen? — Man hat in der wissenschaftlichen Literatur der letzten 400 Jahre eine Fülle von Hypothesen über die Lage von Atlantis aufgestellt, ohne daß eine davon als des Rätsels Lösung angesehen werden könnte.

Nachdem A m e r i k a entdeckt war, lag es nahe, in ihm die rätselhafte Insel oder mindestens doch das im Timäus-Bericht erwähnte „gegenüberliegende Festland" zu sehen. Schon 1553 sprach sich Gomara in diesem Sinne aus[3]). Dieselbe Meinung vertraten der berühmte Baco von Verulam in dem erst nach seinem Tode erschienenen Werke „Nova Atlantis"[4]), ferner Bircherode[5]) und viele andere Autoren. Selbst ein Alexander v. Humboldt war der Ansicht, daß zwar keine sichere Kenntnis, wohl aber eine dunkle Kunde von der neuen Welt im fernen Westen die Veranlassung zu Platos Atlantis-Erzählung gegeben habe[6]). Noch im Jahre 1855 wurde gelegentlich der Versuch gemacht, mit scharfsinnigen Gründen aus der Atlantis-Sage eine Urentdeckung Amerikas durch die Phönizier herzuleiten[7]).

Neben dieser häufigsten und, man möchte sagen, nächstliegenden Deutung des Atlantis-Rätsels tauchte eine Fülle von anderen Hypothesen über die Lage von Atlantis auf. Die früheste abweichende Hypothese stammte von dem Schweden O l a u s R u d b e c k und behauptete, Schweden, das Vaterland des gelehrten Verfassers, sei als Platos Atlantis anzusprechen[8]). Wenige Jahre später gab der Deutsche K i r c h m a i e r der Meinung Ausdruck, Atlantis sei in S ü d a f r i k a anzusetzen[9]). Um 1780 wurde in Frankreich eine

---
[3]) Historia de las Indias. Saragossa 1553.
[4]) London 1638, S. 364.
[5]) Schediasma de orbe novo non novo. Altdorf 1663.
[6]) Vue des Cordillères. Paris 1810.
[7]) Kruger: „Amerika bereits durch die Phönizier entdeckt" in Prutz' „Deutschem Museum", 1855, Nr. 17.
[8]) Atlantica. Upsala 1675.
[9]) Exercitatio de Platonis Atlantide. Wittenberg 1685.

besonders große Zahl von neuen, zum Teil geradezu unbegreiflich anmutenden Hypothesen aufgestellt. Bailly suchte Atlantis in — — Spitzbergen, anscheinend lediglich durch die Erwägung veranlaßt, daß das unschiffbare Meer als das Eismeer anzusprechen sein müsse[10]). Ein Landsmann von ihm, Delisle de Sales, trat im selben Jahr für die nicht minder wunderliche Deutung auf den Kaukasus ein[11]). Ein bei Delisle de Sales erwähnter, unbekannter Verfasser einer anscheinend verloren gegangenen Schrift soll sogar Atlantis in Ceylon gesucht haben.

Nach solchen Leistungen einer wildgewordenen Deutelsucht wird man sich kaum wundern, wenn abermals andere, meist französische Autoren Atlantis sogar in Palästina vermuteten[12]) oder auch in Attika[13]). Andere Deutungen, denen im einzelnen nicht näher nachgegangen werden soll, lauteten auf Sardinien, auf Persien usw. Wieder ein anderer Franzose, Cadet, hielt sich von derartigen Phantasien ferner und glaubte in den Canaren oder auch den Azoren Überreste der versunkenen Insel sehen zu sollen[14]). Dieser ohne weiteres diskutablen Hypothese schloß sich ein wenig später Bor i de St. Vincent an[15]). Sie ist auch in neuerer Zeit noch des öfteren verfochten worden und hat gelegentlich einem mit besonders reger Phantasie begabten Schriftsteller sogar Veranlassung gegeben, einem gelehrten, aber mit blühendem Unsinn erfüllten Werk eine eigene antike Welt-

---

[10]) Lettres sur l'Atlantide de Platon et l'ancienne histoire de l'Asie. Paris 1779.

[11]) Histoire nouvelle de tous les peuples du monde. Paris 1779.

[12]) F. C. Bär: „Essai sur les Atlantiques", Paris 1762, und J. Ensenius: „Atlantica orientalis", übersetzt von Reuhorn, Berlin 1764.

[13]) Bartoli: „Essai sur l'explication historique donnée par Platon de sa république et de son Atlantide, Paris 1780, und Latreille: „Mémoire sur divers sujets de l'histoire naturelle des insectes, de géographie et de chronologie". Paris 1829.

[14]) Mémoires sur les jaspes et autres pierres précieuses de l'ile de Corse. Bastia 1785.

[15]) Essai sur les iles fortunées et l'atlantique Atlantide. Paris 1803.

karte beizufügen, in die die Insel Atlantis in weitem Umkreis um die heutige Azorengruppe eingezeichnet ist[16]).
Es können und sollen hier nicht alle die verschlungenen Irrwege verfolgt werden, auf denen Forscher in fast unbegrenzter Zahl das Atlantis-Rätsel zu lösen versuchten; die vorstehenden Proben aus älterer Zeit zeigen schon, wie endlos die Fülle von Deutungen gewesen ist und daß man zwischen Spitzbergen und dem Kap der Guten Hoffnung, zwischen Amerika und Ceylon so ziemlich das ganze Gebiet der Meere mit Vermutungen über die Lage der Rätselinsel Platos erfüllte. Noch vor 1½ Jahrzehnten erregte der deutsche Afrikaforscher Leo Frobenius Aufsehen durch die von ihm mit großer Bestimmtheit vorgetragene, aber einer scharfen Kritik niemals standhaltende, übrigens schon vor ihm durch Kapitän Elgee[17]) aufgestellte Hypothese, daß Atlantis in Togo und Nigerien gelegen habe und daß die „Insel" das riesenhafte, vom Niger und der Guineaküste eingeschlossene Gebiet gewesen sei — eine mehr als gezwungene „Erklärung", die dadurch nicht schmackhafter wird, daß diese „Insel" ja gar keine Insel und auch nicht verschwunden ist.

Die ganze Atlantis-Frage ist seit langem in geradezu unverantwortlicher Weise zum Spielball wildester, uferloser Phantasien und geologischer Sensationen gemacht worden. Wenn man ihr überhaupt beikommen will, muß man sie von vornherein auf den Boden nüchternster Tatsachen und historischer Wahrscheinlichkeit zurückführen, selbst auf die Gefahr hin, daß das schließliche Ergebnis manchen Liebhaber kinodramatischer Spannungen erheblich enttäuscht und gar nichts Aufregendes und Ungewöhnliches an sich hat.

Zunächst muß die weitverbreitete und beliebte Hypothese, daß Plato uns eine reine Fabel geliefert hat, aus allgemeinen kulturpsychologischen Erwägungen heraus ab-

---

[16]) Karl Georg Zschaetzsch: „Die Herkunft und Geschichte des arischen Stammes". Nikolassee b. Berlin 1920.
[17]) Vortrag in der Londoner Afrikanischen Gesellschaft im Juni 1908.

gelehnt werden. Es wäre ohne Beispiel in der Weltliteratur, daß die Beschreibung eines reinen Fabellandes an wohlbekannte geographische Namen anknüpft. Die Ortsbestimmungen sind in solchem Fall vielmehr bewußt unbestimmt, auch wohl gar scherzhaft gegeben, wie jene reizend humoristische Einkleidung des deutschen Volksmärchens, das das gesegnete Schlaraffenland „3 Meilen hinterm Monde" oder „hinter Weihnachten" liegen läßt. Plato aber erwähnt ganz unzweideutige erdkundliche Namen, die „Säulen des Herakles", das „gaditanische Gebiet" usw. Bei derartigen Überlieferungen liegt, wie auch andere ähnliche Rätselfragen (Ophir, Vineta usw.) erkennen lassen, stets ein Nachhall historischer Ereignisse vor. Es ist nicht der leiseste Grund zu erkennen, warum beim Atlantis-Problem die Dinge sich anders verhalten sollen, zumal da sich Plato in dem älteren und wertvolleren Dialog „Timäus", wie gesagt, überhaupt nicht auf die Schilderung von Staatseinrichtungen einläßt, sondern sich rein auf die Wiedergabe historischer und geographischer Daten beschränkt, die ihm zu Ohren gekommen sind. Aus diesem Grunde kann als erste und oberste These die Behauptung aufgestellt werden: **es muß als ausgeschlossen gelten, daß der Atlantis-Bericht Platos einfach aus der Luft gegriffen ist, daß ihm nicht positive Tatsachen zugrunde liegen.**

Ehe wir der Frage selbst näher treten, seien noch einige allgemeine Bemerkungen vorausgeschickt.

Die Seeschiffahrt des Altertums war bekanntlich in ausgeprägtester Form Küstenschiffahrt. Teils um in der kompaßlosen Zeit nicht der ständigen Orientierung verlustig zu gehen, teils um bei heraufziehendem Unwetter noch rechtzeitig in einen schützenden Hafen gelangen zu können, hielten sich die Fahrzeuge nach Möglichkeit in der Nähe des Landes und pflegten aufs freie Meer nur dort hinauszufahren, wo geringere Meeresbreiten zu überwinden waren (z. B. das Mittelmeer von Süd nach Nord) oder wo Inseln einen vollwertigen Ersatz für das gemiedene Festland boten. Der Grundsatz der Küstenschiffahrt wurde in so hohem Maße gewahrt, daß selbst die oft ausgeführte Reise zwischen den nördlichen Häfen des Roten Meeres und der Malabarküste Vorderindiens Jahrhunderte hindurch allen Ausbuchtungen der Küste folgte und daß es wie eine befreiende Tat erschien, als im ersten vorchristlichen Jahrhundert die Ausnutzung des gleichmäßigen und unbedingt verläßlichen Monsunwindes entdeckt wurde, der in außerordentlich viel kürzerer Zeit eine Reise quer über das Arabische Meer gestattete. Von diesem Ausnahmefall abgesehen, liegt uns aus dem Altertum keine Kunde von einer a b s i c h t l i c h e n Aufsuchung des offenen Ozeans für Handelsfahrten vor. Auch die ohnehin seltenen Forschungsreisen des Altertums in unbekannte Meere folgten nahezu ausnahmslos dem Küstenverlauf; man denke an Hannos Fahrt an der nordwestafrikanischen Küste entlang, an die vom König Necho veranlaßte Umsegelung Afrikas, an die Fahrt des Skylax unter Alexander dem Großen vom Indus ins Rote Meer, an den großartigen Periplus Maris Erythraei und auch an den weitaus größten Teil der Pytheas-Reise gen Norden. Ganz allein der letzte Vorstoß des Pytheas von Britanniens Nordspitze in die unbekannten Nordmeere bildet eine Ausnahme. Es ist die einzige überlieferte freiwillige Aufsuchung des unbekannten freien Weltmeers, die aus dem ganzen Altertum überliefert ist. Obwohl schon im Altertum die bei diesem Vorstoß entdeckte Insel Thule hohe Berühmtheit erlangte, ist bezeichnenderweise nie wieder ein Versuch zu einer abermaligen Aufsuchung dieser angeblichen Insel[18]) gemacht worden.

Beachtet man diese grundsätzliche psychologische Einstellung des Altertums auf die Küstenschiffahrt, so ist es von vornherein sehr unwahrscheinlich, daß man Atlantis weit

---

[18]) Unter Berücksichtigung der nördlich von Britannien herrschenden Meeresströmungen und der von Pytheas auf Thule geschauten kulturellen Verhältnisse können wir unter dieser „Insel" offenbar nur das skandinavische Gestade der Drontheimer Bucht verstehen.

draußen im westlichen Ozean, womöglich gar in Amerika, zu suchen hat. Zwar ist es durchaus möglich, ja sogar sicher, daß antike Seefahrer gelegentlich gegen ihren Willen, durch Stürme verschlagen, tief in den Atlantischen Ozean hineingekommen sind. Auf den Azoren haben Karthager bestimmt spätestens um das Jahr 330 v. Chr. Geb. geweilt, wie dort aufgefundene karthagische Münzen bekundet haben, und selbst das noch westlicher gelegene Sargasso-Meer muß den Griechen vom Hörensagen bekannt gewesen sein, wie eine Stelle bei Aristoteles[19]) beweist. Sogar die Hypothese, daß Seefahrer des Altertums gelegentlich bis nach Amerika gelangt sind, darf nicht von vornherein theoretisch als eine glatte Unmöglichkeit verworfen werden, wenngleich keinerlei Beweis dafür zu erbringen und die Wahrscheinlichkeit nicht eben groß ist.

Aber für die Atlantis-Frage brauchen wir uns gar nicht auf den unsicheren Boden rein theoretischer Möglichkeiten zu begeben; wir haben wesentlich zuverlässigere Anhaltspunkte in Tatsachen, die neuerdings in durchaus überzeugender Weise klargestellt worden sind. Die aus ihnen sich ergebende Lösung des alten Problems ist zwar nichts weniger als sensationell; sie ist geradezu ernüchternd einfach, aber sie ist derart einleuchtend, daß man sie nicht anders denn als elegant bezeichnen kann.

Das Verdienst, das neue Licht über Platos Atlantis verbreitet zu haben, hat in weitaus erster Linie der Erlanger Professor der alten Geschichte, Dr. A d o l f S c h u l t e n, der von einem zunächst ganz andersartigen Forschungsgebiet her dazu kam. Schulten hat sich von jeher mit Vorliebe der Frühgeschichte Spaniens gewidmet, hat u. a. in den Jahren 1905 bis 1911 die bedeutungsvollen Ausgrabungsarbeiten in Numantia geleitet und war nun seit geraumer Zeit dabei, die ungeklärte Frage der uralten Kulturstätte T a r t e s s o s zu studieren.

---

[19]) De mirabilibus auscultationibus 145.

Von dieser unzweifelhaft ältesten Kulturstadt unseres Erdteils Europa war wohl die ungefähre Lage im südwestlichen Spanien, im übrigen aber kaum mehr als der Name bekannt, der bei den Griechen Tartessos, in der Bibel Tarschisch lautete. Freilich, in der Luther-Bibel wird man vergeblich nach dem Namen dieser Stadt suchen, denn Luther wußte nichts von ihr und übersetzte daher das ihm unbekannte hebräische Wort Tarschisch fälschlich als „aufs Meer bezüglich", z. B. anyoth tarschisch, was eigentlich „Tarschisch-Schiff" heißt, mit „Meerschiff". Wir finden diese Tarschisch-Schiffe, die einen besonders großen und seetüchtigen Schiffstyp dargestellt haben müssen, an zahlreichen Stellen der Bibel erwähnt, z. B. Jes. 2, 16; 23, 1; 23, 14; 60, 9; Psalm 48, 8; 1. Kön. 10, 22. Tarschisch selbst als Stadt oder Volksstamm wird erwähnt: 1. Mos. 10, 4; 1. Chron. 1, 7; Psalm 72, 10; Jesaj. 66, 19; Hesek. 27, 12; 27, 25; 38, 13. Am lehrreichsten ist dabei die Wehklage Hesekiels über das gefallene Tyrus (27, 12):

„Du hast deinen Handel mit Tarschisch gehabt und allerlei Ware, Silber, Eisen, Zinn und Blei auf deine Märkte gebracht."

Der Tarschisch-Handel der älteren Zeit lag völlig in der Hand der Phönizier, die sich dabei für den Palästina-Verkehr in der Regel des Hafens Joppe bedient zu haben scheinen. Er muß schon auf sehr alte Zeit zurückgehen. Deutet man doch sogar eine altassyrische Inschrift, die entweder aus der Zeit Sargons I. (um 2000) oder gar bereits Sargons von Akkad (um 2800) stammt und die von „Anaku (Land des Zinns) und Kaptara (Kreta), den Ländern jenseits des Meeres" spricht, auf den Handel mit Tartessos, was jedoch nicht ohne weiteres als beweiskräftig angesehen werden kann. Dagegen wird Tartessos in der griechischen und römischen Literatur oft erwähnt, z. B. Herod. I, 163; IV, 152; Polyb. III, 24; Plin. IV, 22; Ovid, Met. XIV, 416.

Schulten, der der vor ihm auffällig wenig beachteten Tartessos-Frage ein eigenes Werk gewidmet hat („Tartessos",

Hamburg 1922) hält Tartessos für die Kolonie eines östlichen Seefahrervolkes, vermutlich der Kreter, die schon um 1500 v. Chr., vor den Phöniziern, Bedeutendes als Seefahrer leisteten. Anderseits weist er selber darauf hin, daß an derselben Stelle, wo nach 1500 v. Chr. Tartessos aufblühte, schon im dritten vorchristlichen Jahrtausend ein wichtiger Mittelpunkt des ältesten Seehandels gelegen haben muß, für den ein organischer Zusammenhang mit dem späteren Tartessos weder bewiesen noch widerlegt werden kann. Schulten nennt daher diesen frühesten Handelsplatz auf europäischem Boden unverbindlich „Vor-Tartessos" Eine autochthone Gründung der Bewohner der spanischen Halbinsel können beide nicht, weder Tartessos noch Vor-Tartessos, gewesen sein. Die Ureinwohner Spaniens, die Iberer, waren noch in römischer Zeit, um 100 v. Chr., ein durchaus kulturloses Volk, dem die frühe Gründung eines Handelszentrums um so weniger zugetraut werden kann, als Strabo den Bewohnern von Tartessos, den Turdetanern, nachrühmt (III, 139), sie hätten eine uralte, eigene Schrift besessen.

Da der von Schulten als Vor-Tartessos bezeichnete Handelsplatz auf jeden Fall schon weit in die vorkretische Zeit zurückgeht, bleibt bei ihm die Frage offen, wie hier an der spanischen Küste in einer sonst völlig kulturlosen Umgebung ein so großartiger Mittelpunkt des Ur-Handels und der Ur-Kultur aufblühen konnte. Ich möchte glauben, daß unter solchen Umständen Vor-Tartessos mehr als eine Kolonie eines nördlicheren Seefahrervolkes angesprochen werden muß. Die Funde nordischen Bernsteins auf spanischem Boden, die bis in die Zeit um 2000 v. Chr. zurückreichen, die eigenartige Sitte der Dolmen, die, wie an den west- und z. T. nordeuropäischen Seeküsten, auch in Spanien zu Hause ist und die anscheinend eine Ehrung für verstorbene Seeleute darstellt, führt uns gar bis etwa um das Jahr 3000 v. Chr. zurück und lehrt, daß schon damals gewisse Beziehungen zwischen den verschiedenen Meeresküsten, wo die Dolmen vorkommen, und einheitliche Gebräuche für das ganze Gebiet bestanden haben müssen. Die Verbreitung der sogenannten Glockenbecher und von Geräten aus Flechtwerk unzweifelhaft spanischer Herkunft, beweist des weiteren, daß sich Erzeugnisse einer uralten spanischen Industrie bereits um die Mitte des dritten vorchristlichen Jahrtausends über nördlichere Teile Europas zu verbreiten begannen, unter der Wirkung eines Handels, dessen Brennpunkt wohl nur in Vor-Tartessos gesucht werden kann.

Die Lage dieses Vor-Tartessos und auch des späteren Tartessos, das vor allem im 7. und 6. Jahrhundert blühte, ist

Abb. 1. **Lage von Tartessos.**

nur ungefähr bekannt. Lange war man geneigt, Tartessos mit Gades (Cadix) zu identifizieren, das um 1100 v. Chr. Geb. von Phöniziern gegründet wurde. Da aber zur Zeit dieser Gründung die Vorgängerin von Tartessos schon seit über 1000 Jahren bestand. ist viel eher anzunehmen, daß die Phönizier sich in Gades nur eine bequem gelegene Faktorei für den Handel mit der älteren Königin des Seehandels schufen. Die Lage von Tartessos muß etwas nördlicher gewesen sein; sie läßt sich ziemlich genau lokalisieren, denn der Guadalquivir, der Baetis der Römer, führte als Fluß in ältester Zeit den Namen Tertis oder auch geradezu Tartessus (Aristoteles,

Pausanias). Als Mündungsstadt des Guadalquivir hat daher die historische Forschung Tartessos schon seit längerer Zeit angesprochen.

Über die Geschichte von Tartessos ist nicht allzu viel sicher überliefert, da es schon in der letzten Hälfte des 6. Jahrhunderts wieder dem Blick entschwindet. Bis zum 7. Jahrhundert waren die Phönizier die einzigen Handelsvermittler zwischen Tartessos und dem östlichen Mittelmeer, insbesondere der hellenischen Welt. Die frühgriechische Menschheit muß sich aber in ihrer Phantasie viel mit dem fernen Zauberland jenseits der Säulen des Herakles beschäftigt haben. Werden doch von den zwölf Taten des Herakles nicht weniger als drei in diese Gegend verlegt, die drei letzten, welche die Rinder des Geryoneus, die Äpfel der Hesperiden und das Eindringen in die Unterwelt behandeln. Dabei ist zu beachten, daß es um das Jahr 800 einen König Geryon in Tartessos gab, dessen Reichtum an Weidevieh offensichtlich die hellenische Herakles-Sage befruchtete. Aus dieser merkwürdig stark ausgeprägten Westorientierung der Herakles-Fabeln ist ohne Zweifel zu folgern, daß den Griechen von Tartessos her auf phönizischen Schiffen besonders wertvolle Handelsgegenstände zugeführt wurden, die, wie wir noch sehen werden, in erster Linie unstreitig Silber, Zinn, Kupfer und Bronze gewesen sein müssen. Das Silber stammte dabei aus der Umgegend von Tartessos, der Sierra Morena, dem silberreichsten Gebiet des Altertums, ebenso das Kupfer; dagegen wurde das Zinn durch die Tartessier entweder in Cornwallis selbst eingehandelt oder aber, was wahrscheinlicher ist, bei dem alten Seevolk der Oestrymnier auf den Küsteninseln der Bretagne, die es ihrerseits aus Wales herbeischafften. Die Bronze endlich kam wieder aus Südwestspanien, wo die Verhüttung von Silber und Kupfer schon um 2500 v. Chr. nachweisbar ist und wahrscheinlich auch die Herstellung der so unendlich wichtigen Bronze frühzeitig nach der Entdeckung der Zinnlagerstätten in England gelang. Von Tartessos (und Gades) her wurde Jahrhunderte lang das ganze Mittelmeergebiet mit den

wertvollen Metallen versorgt; es war die einzige Stadt, die
bereits damals einen wirklichen Großhandel mit Silber,
Kupfer, Zinn und Bronze betrieb.

Tartessos, das auf einer Insel Erytheia oder Cartare lag,
wurde um das Jahr 800 von den Phöniziern erobert, die nach
dem Monopolgewinn aus dem wertvollen Metallhandel strebten.
Als aber das phönizische Reich von Tyrus 100 Jahre
später in die Gewalt der Assyrer fiel, erlangte Tartessos seine
Freiheit zurück. Im Propheten Jesajas klingen diese historischen
Vorgänge wieder (23, 1, 5 u. 10):

„Heult, ihr Tarschischfahrer, denn eine Verwüstung ist
angerichtet worden . Überströme dein Land gleich
dem Nile, du Volk von Tarschisch, es beengt dich keine
Fessel mehr."

Nach 700 erlangte nun Tartessos für mehr als 1½ Jahrhunderte
seine schönste und stolzeste Blüte, deren Höhepunkt
die 80 jährige Regierung (620—540) des 120 Jahre alt gewordenen
Königs Arganthonios bildete. In dieser Periode traten
die Griechen, denen keine phönizische Macht und keine abschreckenden
Schifferfabeln mehr wehrten, in direkte Handelsbeziehungen
mit Tartessos ein. Nach dem Bericht des
Herodot (IV, 152) war ein gewisser Kolaios aus Samos der
erste Grieche, der um das Jahr 660 Tartessos erreichte. Er
war auf der Fahrt nach Ägypten durch Stürme weit nach
Westen verschlagen und schließlich durch die Säulen des
Herakles, das „Ende der Welt", in den Ozean hinausgetrieben.
Das Abenteuer lohnte sich in wunderbarster Weise, denn
Kolaios soll aus Tartessos 30 Zentner Silber in die Heimat
mitgebracht haben.

Der Silberreichtum dieser Gegend im Westen und
ihre Silberausfuhr muß in alter Zeit allerdings ganz fabelhaft
gewesen sein, denn wir hören, daß in Salomos Zeit das Silber
in Palästina ganz wertlos gewesen sei und daß die Phönizier
ihre Seeschiffe gelegentlich mit silbernen Ankern ausstatteten,
um mehr von dem edlen Metall mit sich führen zu können.
Daß dies keine reinen Fabeln waren, geht aus der Tatsache

hervor, daß die Römer, als sie seit 214 v. Chr. Geb. Südwestspanien eroberten, daselbst gelegentlich gewöhnliche Pferdekrippen antrafen, die aus reinem Silber hergestellt waren.

Unter dem langlebigen König Arganthonios, von dem uns ebenfalls Herodot berichtet (I, 163), entwickelten sich freundschaftliche Beziehungen zwischen Tartessiern und Griechen. Auf Einladung des Königs wurde die griechische Faktorei Mainake am Flusse Velez, nahe dem heutigen Torre del Mar, begründet. Stesichoros schrieb um 600 ein Epos „Geryoneïs" das Tartessos besang, und bei Anakreon klingt es wieder:

„Nicht das Füllhorn der Amaltheia wünsche ich mir, und nicht möchte ich 150 Jahre über Tartessos herrschen."

Bald nach Arganthonios' Tode aber nahm die Herrlichkeit ein jähes Ende. Im Jahre 537 wurden die Phokäer (Griechen) von den aufstrebenden Karthagern in der Seeschlacht bei Alalia (Sardinien) besiegt, und bald darauf verbreiteten sich die Karthager erobernd über Südspanien. Ungefähr im Jahre 530 müssen sie Tartessos erobert und nicht viel später zerstört haben.

Keine literarische Kunde meldet uns etwas von diesen Vorgängen; aber plötzlich breitet es sich wie ein schwerer, dunkler Schleier über den blühenden Tartessos-Handel. Wie ihre phönizische Mutterstadt strebte auch Karthago rücksichtslos das Handelsmonopol im Westen an. Etwa im Jahre 509 wurde die Meerenge von Gibraltar für jede nicht-karthagische Schiffahrt gesperrt, und volle drei Jahrhunderte lang, bis die erobernden Römer die karthagischen Fesseln zerbrachen, blieben nun die Säulen des Herakles für die griechische Schiffahrt das Non plus ultra, das absolute Ende der erreichbaren Welt, als das sie schon von Pindar um 480 v. Chr. Geb. bezeichnet wurden.

Mit einem Schlage war die Stadt vom Erdboden getilgt, ja, man erfuhr nicht einmal, wann und wie sie ihr Ende gefunden hatte. Der karthagische Eroberer riß den Silber- und Zinnhandel an sich und achtete auf strengste darauf, daß die von ihm verfügte Sperrung der Meerenge von Gibraltar durch kein fremdes Schiff durchbrochen wurde. Damit jede nichtkarthagische Schiffahrt von dem Eindringen in die westlichen Meere abgeschreckt würde, werden die Karthager die Mär verbreitet haben, der Ozean westlich der Heraklessäulen sei durch Untiefen und Schlammassen unbefahrbar, und sie werden mit diesen Schreckfabeln nicht weniger Erfolg gehabt haben als ihre phönizischen Vorfahren, die zur Verhinderung jeder Handelskonkurrenz so geschickt auf den Aberglauben spekulierten, wenn sie die Gruselmärchen vom Zyklopen und von den Lästrygonen, von den Ungeheuern Scylla und Charybdis, von der Zauberin Kirke und den Sirenen und alle die anderen, aus der Odyssee so wohlbekannten Schiffergespinste verbreiteten.

Kann es Verwunderung erregen, daß bei den Griechen die Erinnerung an die „schöne, alte Wunderstadt", die jetzt verbotenes Land geworden war, nicht erlöschen wollte? „Tartessos war zugleich eine Industrie- und Handelsstadt, die größte, die Westeuropa im Altertum besessen hat, und ein Weltmarkt, auf dem die Erzeugnisse des Ostens, Nordens und Südens zusammenströmten.... Vor allem ging aber mit dieser materiellen Blüte Hand in Hand eine hohe, geistige Kultur. Tartessos besaß uralte Chroniken und Epen, es besaß Gesetze in Versen, alles das seit Jahrhunderten aufgezeichnet in einer eigenen Schrift. Besonders durch dieses Schrifttum wird Tartessos wie durch eine tiefe Kluft von der Barbarei der Iberer geschieden, die nie zu einer Literatur gelangt sind." So schildert Schulten die Bedeutung von Tartessos. Griechische Seefahrer hatten das alles mit eigenen Augen geschaut und davon in der Heimat berichtet. Daher können wir es wohl verstehen, daß in den Zeiten, wo die Welt für die Griechen am Felsen von Gibraltar zu Ende war, ihnen doch die Erinnerung an das glänzende Reich da draußen nicht verloren gegangen ist. Die karthagische Macht konnte den Griechen die Meeresstraße sperren; aber sie konnte ihnen nicht aus den Herzen reißen, was ihre Voreltern bewundernd erlebt, was ihre Dichter und Schriftsteller begeistert gepriesen hatten. War diese erlebte und gepriesene Tatsächlichkeit für sie nun plötzlich wie im Erdboden oder im Meere verschwunden, was Wunder, wenn die Sage sich des dankbaren Stoffes bemächtigte, die ja stets auf dem Boden schöner, stolzer Nationalerinnerungen an glücklichere Zeiten am üppigsten gedeiht?

Nunmehr können wir zum Ausgangspunkt unserer Betrachtungen zurückkehren. Alles, was Plato von dem glücklichen Paradies Atlantis zu berichten weiß, mutet an wie ein Nachhall alter Tartessos-Erinnerungen. Plato lebte um das Jahr 400. Damals war Tartessos erst seit 100 Jahren für die Griechenwelt versunken und verschollen; gewisse Erinnerungen an dieses historische Vineta des Westens mögen daher zu seiner Zeit sehr wohl noch lebendig gewesen sein. So können wir es durchaus verstehen, wenn er in der Schilderung seiner Atlantis da draußen vor den Säulen des Herkules, deren allerdings nur er und sonst niemand gedenkt, Züge der schon in Sage übergegangenen einstigen Wirklichkeit verwertet hätte. S c h u l t e n, der auf diese Parallele zuerst aufmerksam machte („Tartessos", S. 53), sagt geradezu:

„Die Übereinstimmung zwischen der Atlantis und Tartessos ist in der Tat so groß, daß sie nicht wohl zufällig sein kann. Wie Tartessos liegt die Atlantis auf einer Insel bei Gades, ist reich vor allem an Metallen — ein ganz auffallender Zug, der so wie auf Tartessos auf kein anderes Land paßt —, und unter den Metallen wird das Zinn genannt, das die Tartessier importieren, und die Bronze, in der sie Bedeutendes leisten."

Die Übereinstimmungen sind aber noch sehr viel zahlreicher, derart zahlreich, daß man geradezu behaupten kann: wenn in Platos Bericht der Name Atlantis durch Tartessos ersetzt wird, so braucht kaum ein Wort daran geändert zu werden. Sogar die mythologische Einkleidung der Atlantis-Fabel bei Plato läßt die auf Tartessos weisende Deutung als richtig erscheinen. Erinnern wir uns, daß G a d e s um 1100 als phönizische Kolonie für den Handel mit T a r t e s s o s begründet wurde, daß beide als nahe benachbarte Zwillingsstädte in dem Meere die Wurzeln ihrer Kraft und Blüte hatten. Und was berichtet uns Plato? A t l a s und G a d i r o s seien Zwillingssöhne des Neptun gewesen. Atlas war nach ihm der erste König von Atlantis, und Gadiros „erhielt die Endspitzen der Insel, welche nach den Säulen des Herakles und Gades hin lagen" Diese Einkleidung beweist, daß Platos Reich Atlantis sich unmittelbar bis in die Nähe von Cadix erstreckte; allen ins Weite des Ozeans schweifenden phantastischen Atlantis-Hypothesen sollte damit von vornherein der Boden entzogen sein.

Setzen wir den Fall, die von Schulten behauptete und durch zahlreiche gewichtige Gründe gestützte Annahme, Atlantis und Tartessos seien ein und dasselbe, wäre endgültig bewiesen, so finden auch die sonstigen Teile des Plato-Berichts im „Timäus" ungezwungen eine überraschend einfache und einleuchtende Deutung. Was es mit dem „Zugang zu den übrigen Inseln und von diesen zu dem gegenüberliegenden, an jenem wahren Meere gelegenen Festland" für eine Bewandtnis hat, läßt sich unschwer zusammenreimen, wenn man sich erinnert, welches das für Tartessier und Griechen wichtigste Handelsgebiet der „Atlantier" war. Fraglos war das Zinn, das für die Herstellung der wertvollen Bronze unentbehrliche Metall, der wichtigste Handelsgegenstand des tartessischen Außenhandels. Wo dieses Zinn hergeholt wurde, hörten wir oben. Sollten da nicht die „übrigen Inseln" als die Kassiteriden, die Inseln der Oestrymnier an der Küste der Bretagne, anzusprechen sein? und das Zinnherkunftsland Wales als das „gegenüberliegende Festland an jenem wahren Meere"? Man muß bedenken, daß der Inselcharakter Britanniens in Platos Tagen bestimmt noch unbekannt war, daß er erst ein rundes halbes Jahrhundert später durch Pytheas festgestellt wurde. Daß man in Platos Zeit das immerhin recht ausgedehnte Großbritannien, dessen Umfang man nicht kannte, als Festland ansprach, kann ebensowenig überraschen, wie die (hypothetische) Charakterisierung des nach langer Meerfahrt erreichten Norwegen als „Insel" Thule durch Pytheas.

Diese verhältnismäßig einfache, ja nüchterne Deutung der betreffenden Plato-Stelle wird auch von N e t o - l i t z k y vertreten, der kürzlich in einem Aufsatz über „Die Wiederentdeckung der Atlantis Platons" ausdrücklich erklärt[20]:

„Wo diese (Östriminiden- und Kassiteriden-Inseln) lagen, gehört nicht in den Rahmen dieser Zeilen, doch dürften es die »anderen Inseln« Platons sein, die erwähnt werden."

Geht man im einzelnen die Platonschilderung von der Atlantis durch, so häufen sich die Parallelen zwischen Tartessos und Platos Atlantis in wahrhaft verblüffender Weise, wie die nachfolgende Nebeneinanderstellung beweist:

Angaben Platos über Atlantis.	Tatsächliche Verhältnisse in Tartessos.
1. Es gab eine Insel vor der Mündung, die ihr die Säulen des Herakles nennt.	Lage auf einer Insel Erytheia in der Guadalquivir-Mündung.
2. Die Insel war größer als Libyen und Kleinasien zusammengenommen.	Nicht die Insel, wohl aber ihr Handelsgebiet erstreckte sich monopolartig bis Britannien hin.
3. Sie bot den damaligen Seefahrern einen Übergang zu den anderen Inseln und dem großen Festland gegenüber, das jenes wahrhafte Meer umgibt.	Von Tartessos aus erfolgte der Verkehr zu den Zinn-Inseln (Kassiteriden) an der Küste der Bretagne und von dort aus zur eigentlichen Zinn-Heimat Britannien, dessen Größe zunächst den Festlandcharakter des Landes vortäuschte.
4. Sie herrschte auch noch in den inneren Ländern, über Afrika bis nach Ägypten und über Europa bis nach Etrurien.	Tartessos versorgte das ganze Mittelmeergebiet mit Metallen, nicht zum wenigsten auch Ägypten.

---

[20] „Cultura". Klausenburg 1924, Nr. 1, S. 22 bis 25.

5. Als später ungeheure Erdbeben und Überschwemmungen eintraten, wurde innerhalb eines einzigen Tages und einer einzigen bösen Nacht ... die Insel Atlantis vom Meer verschlungen und verschwand.

Das Ende von Tartessos im Karthagerkrieg ist unbekannt. Die Sperrung der Straße von Gibraltar durch die Karthager ließ aber Tartessos von heute auf morgen aus dem Bereich der hellenischen Schiffahrt spurlos verschwinden.

6. Noch heut ist jenes Meer unzugänglich und unerforschlich.

Wörtlich zutreffend, aber nicht physikalisch, sondern politisch „unzugänglich".

7. Ein dichter Schlamm, den die Insel bei ihrem Untergang zurückließ, hindert die Schiffahrt.

Karthagische Schifferfabel (siehe oben).

8. Reiche Metallschätze in den umliegenden Bergen.

Die Sierra Morena bei Tartessos war eins der metallreichsten Gebirge der alten Welt.

9. Lage in weiter, nach Süden offener Ebene, im Norden von hohen Bergen umgeben.

Die Guadalquivir-Mündung ist im Süden von einer weiten Ebene, im Norden von der Sierra Morena begrenzt.

10. Die Hauptstadt liegt nicht unmittelbar am Meer, sondern etwas abseits.

Wörtlich auf Tartessos passend.

11. Der Älteste des Volkes ist König der Atlantier.

Der letzte König von Tartessos, Arganthonios, regierte 80 Jahre und erreichte ein Alter von 120 Jahren.

12. In Atlantis gab es alte, schriftlich aufgezeichnete Gesetze und Epen, die angeblich 8000 Jahre alt sein sollten.

Von den Turdetanern (Tartessiern) berichtet Strabo (III, 139): „Sie sind die gebildetsten aller Iberer, bedienen sich der Schreibkunst und haben Schriftbücher alter Zeit, auch Gedichte und gereimte Gesetze, denen sie ein Alter von 6000 Jahren beilegen".

Zu diesen zwölf zweifellos sehr bemerkenswerten Übereinstimmungen, auf die Schulten hingewiesen hat, kommt nun eine dreizehnte, die von ganz anderer Seite herangezogen wird. Prof. Dr. Fritz N e t o l i t z k y in Czernowitz machte auf einen Punkt aufmerksam, der Schulten entgangen ist[21]). Plato berichtet nämlich im „Kritias" von einem Poseidontempel der Atlantier, der den Mittelpunkt ihrer Kultuseinrichtungen gebildet habe, burgartig mit Wassergräben und Ringwällen umgeben gewesen sei und in seinem Innern je einen kalt und warm aus der Erde quellenden Brunnen enthalten haben solle. Diese Überlieferung bringt nun Netolitzky in Zusammenhang mit einem anderen berühmten Heiligtum alter Zeit, von dem wir wissen, daß es nicht weit von Gades lag, einem Tempel, der von den Phöniziern dem Gotte Melkart geweiht worden war und den die Griechen als ein Heiligtum des Herakles ansprachen. Die Lage dieses angeblichen Heraklestempels bei Gades hat Schulten so gut wie einwandfrei festgestellt. Auf der kleinen, unbewohnten Insel Santipetri bei Cadix hat er Spuren gefunden, die den Forscher zu folgender Äußerung veranlaßten[22]):

„Über die Stelle des berühmten Heraklestempels von Gades kann kein Zweifel sein. Er lag 12 Milien (18 km) von der Stadt Gades entfernt, am SW-Ende der Gaditanischen Insel, an dem sie vom Festlande scheidenden Meeresarm... Merkwürdig ist, daß sich im Kastell **zwei Brunnen** finden. Es dürften die nach Strabo (172 f.) im Tempel vorhandenen sein, deren wechselnder Wasserstand von den älteren Autoren mit Ebbe und Flut in Verbindung gebracht, von Poseidonios durch Ausschöpfen und Sichfüllen erklärt wurde."

Schulten hatte, wie gesagt, die ganz unzweideutige Parallele dieser Schilderung mit der oben erwähnten Eigentümlichkeit im Haupttheiligtum der Atlantier zunächst nicht bemerkt. Netolitzkys Hinweis darauf betrachtet er, wie er mir brieflich schreibt, geradezu als endgültig entscheidenden Abschluß seiner Atlantis-Hypothese und schließt sich voll der These Netolitzkys an:

---

[21]) „Cultura". Klausenburg 1924, Nr. 1, S. 22 bis 25.
[22]) „Jahrbuch des Archäologischen Instituts des Deutschen Reichs". 1922, Ausg. August 1923, S. 41.

„Ich bin überzeugt, daß Platon seinen Mittelpunkt der Atlantis, den Poseidontempel (mit Recht oder Unrecht) gleichsetzte dem Heraklestempel von Gades, den Schulten auf der Insel Santipetri nachgewiesen hat. Und damit ist ein **Triangulierungspunkt erster Ordnung für die Atlantis-Insel** gegeben."

Darüber hinaus macht Netolitzky noch auf einen weiteren interessanten Umstand aufmerksam. Er ging aus von einer Studie über das in der alten Literatur mehrfach erwähnte, rätselhafte „Bergerz" (Oreichalkos), das im Altertum nächst dem Golde am meisten geschätzt wurde. Plato erwähnt in seiner Atlantis-Mythe auch dieses Oreichalkos und sagt, die innere Mauer der Burg des Poseidon auf Atlantis sei mit diesem Material überzogen gewesen, „als wäre sie mit Salböl überstrichen". Netolitzky vermutet nun[23]), dies Oreichalkos sei dasselbe gewesen wie das ägyptische Metall Asem, das als glänzende Überkleidung für Tore, Pyramiden, Obelisken usw. sehr beliebt war. Er macht es wahrscheinlich, daß dies Oreichalkos oder Asem eine Legierung von Silber und Kupfer und in vieler Hinsicht somit ein Vorläufer der Bronze war. Nachdem man die Lagerstätte des silberähnlichen Zinn in Wales aufgefunden und die wertvolle Bronze daraus herzustellen gelernt hatte, kam das Oreichalkos mehr und mehr ab. Trifft Netolitzkys Vermutung zu, so liegt es auf der Hand, daß das Oreichalkos dort vor allem zu Hause war, wo man Silber und Kupfer in den Gebirgen der Umgebung fand. Diese Voraussetzung trifft aber auf keine Stelle der alten Welt in gleich hohem Maße wie auf Tartessos zu. Weiß demnach Plato zu erzählen, daß das Oreichalkos in Atlantis besonders ausgiebig verwendet worden sei, so ergibt sich daraus eine neue Spur, die darauf hinweist, daß Platos Atlantis nichts anderes gewesen ist als Tartessos.

Unabhängig vom Schultenschen „Tartessos"-Buch schreibt Netolitzky:

---

[23]) Berliner Philologische Wochenschrift 1921, Nr. 51.

„In der Atlantis-Erzählung Platos sind Berichte der Schiffer enthalten, die die atlantischen Küsten Europas besucht haben. Sie sind der Niederschlag des Erzhandels mit jenen Gebieten und dessen absichtlicher Verschleierung. Plato hat in seinem Sinne frei darüber verfügt, sie aber trotzdem als die ihm wahr erscheinende Grundlage benutzt."

Die Klärung des Atlantis-Rätsels scheint nach allem theoretisch einen bedeutenden Schritt weiter gediehen zu sein. Aber auch die praktische Aufhellung ist in Angriff genommen. S c h u l t e n hat sich nämlich die Aufgabe gestellt, die Überreste des alten Tartessos aufzufinden und auszugraben. Dieses reizvolle archäologische Unternehmen ist zunächst natürlich unabhängig von der Atlantis-Frage, aber daß auch diese dabei wesentlich gewinnen kann, liegt nach dem Gesagten auf der Hand. Viele Jahre hat Schulten schon in jedem Herbst auf spanischem Boden geweilt, um die Stelle zu erkunden, wo Tartessos gelegen haben muß. Immer neue Momente führten dazu, lediglich eine einzige Stelle im Dünengelände bei Cerro del Trigo im Norden der heutigen Guadalquivir-Mündung, gegenüber dem Hafen San Lucar ins Auge zu fassen.

Geologische Untersuchungen, die in Schultens Auftrag der Tübinger Privatdozent und Dünenforscher Dr. J e s s e n im Jahre 1922 vornahm, haben ergeben, daß dieses Gelände in der Tat dereinst einer etwa 18 km langen Insel in der Guadalquivirmündung angehörte, da ehedem der Fluß noch einen nördlichen, heut verschwundenen Mündungsarm aufwies, der, ebenso wie der noch vorhandene Hauptarm, einem ausgedehnten, im Hinterland gelegenen Haff entströmte, ähnlich wie Peene, Swine und Dievenow dem Stettiner Haff. Auch sonst paßt die Natur der weiteren Umgebung dieser Stelle geradezu verblüffend auf Platos Angaben über die Lage von Atlantis. Mit Unterstützung des Herzogs von Tarifa, der das in Betracht kommende Gebiet in seinem Besitz hat, konnte

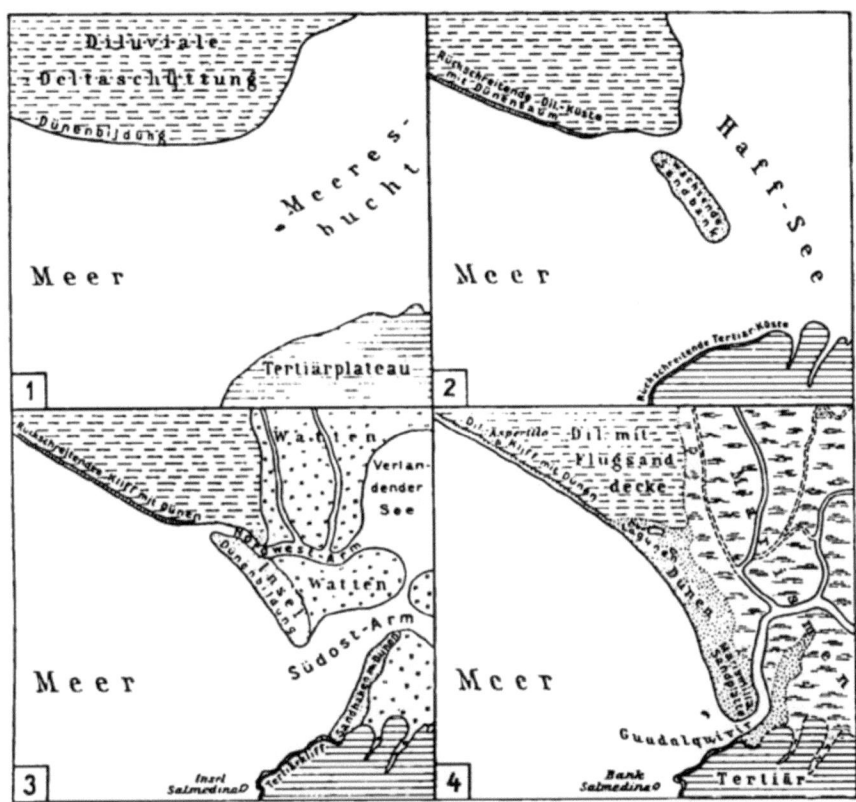

Abb. 2. **Skizze der Entwicklung der Guadalquivir-Mündung seit der Diluvialzeit** nach Dr. Jessen.
1. Zustand am Ende der Diluvialzeit. 2. Zustand in der älteren Alluvialzeit.
3. Zustand in der Tartessoszeit. 4. Gegenwärtiger Zustand.

Schulten im Herbst 1923 in Begleitung des englischen Archäologen George Bonsor und des Topographen Generals Dr. Lammerer Grabungen vornehmen, die vom 7. September bis 14. Oktober dauerten und im Herbst 1924 fortgesetzt wurden. Sie haben noch kein entscheidendes Ergebnis gebracht, aber doch wichtige Fingerzeige ergeben, die anzudeuten scheinen, daß man auf dem richtigen Wege ist. Man stieß zunächst auf Spuren einer Ansiedlung aus römischer Zeit, deren Ruinen an sich wenig Interessantes boten, aber doch Rückschlüsse gestatteten.

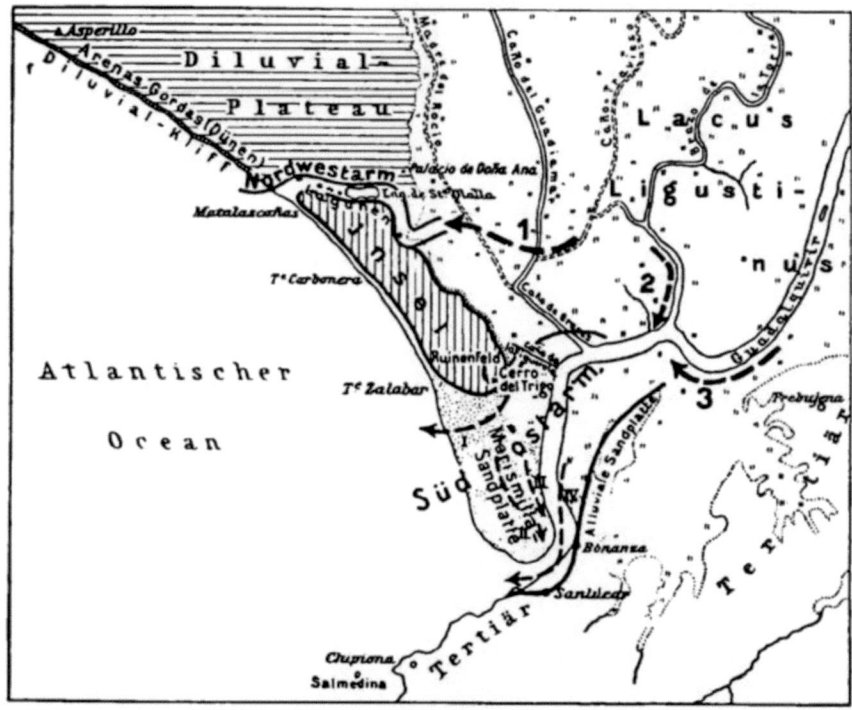

Abb. 3. **Das äußere Mündungsgebiet des Guadalquivir.**

Maßstab 1 : 450000.

Topogr. Grundlage nach Blatt 83 der „Mapa Militar Itinerario de España". — Die durch stärkere Zeichnung hervorgehobenen Eintragungen beziehen sich auf frühere Zustände. — Die mit den Ziffern 1, 2, 3 versehenen Pfeile bezeichnen die vermuteten drei Ausgänge des Lacus Ligustinus. — Verlauf des Nordwestarms nach J. Bonsor. — Die mit den Ziffern I, II, III, IV versehenen Pfeile bezeichnen die vermuteten vier Stromrinnen, in welche der Südostarm südlich der Stadt Tartessos zerfiel. II und III waren Stromrinnen zwischen Sandbänken der in Entstehung begriffenen Marismilla-Sandplatte. — **Wagerecht schraffiert:** Diluvialplateau, mit Flugsanddecke, am Westrand (Kliff) mit Dünen (Arenas Gordas). — **Senkrecht schraffiert:** Ältere alluviale Sandplatte mit hohen Bogendünen, die sich zum Teil bis zum Ostrand der ehemaligen Insel vorgeschoben haben. — Die Ausdehnung der durch die starke Umrißlinie hervorgehobenen Insel bezieht sich auf die spätrömische Zeit. — **Punktiert:** Junger hakenförmiger Sandanwuchs (Marismilla-Sandplatte), sehr kalkhaltig, an der Meerseite mit hohen Stranddünen; dahinter bewaldete Sandplatte ohne bedeutende Sandflugbildungen.

Es war nur ein einfaches, armes Fischerdorf, das bei den Grabungen Schultens aufgedeckt wurde, aber man mußte sich fragen: wie kamen diese Fischer zu den zahlreichen Steinen, die sie in ihren Gebäuden verwandten, obwohl die

Abb. 4. **Reste eines Fischerdorfs,**
die bei den Tartessosgrabungen Schultens
aufgedeckt worden sind.

Gegend in weitem Umkreis absolut steinlos ist? Sogar ein Marmorrelief mit schönem Profil wurde 1924 dem Erdboden entnommen. Der Schluß drängt sich geradezu auf, daß hier eine ältere Ruinenstätte in der Nähe ausgebeutet worden ist, deren Bewohner auf viel höherer Kulturstufe gestanden und die technischen und finanziellen Mittel gehabt haben, die Steine aus entlegeneren Bergwerken herbeizuschaffen. Somit hat es eine gewisse Wahrscheinlichkeit, daß Schulten den Resten von Tartessos tatsächlich auf der Spur ist.

Der Fortgang der Arbeiten wird dadurch erheblich erschwert, daß die allein noch in Betracht kommende Stelle unter hohen Dünen begraben liegt, die fortzuräumen nicht einfach ist. Auch wächst die Wahrscheinlichkeit, daß die Reste von Tartessos unter dem heutigen Grundwasserspiegel liegen, was die Grabungen außerordentlich erschwert und vor allem viel höhere finanzielle Mittel erfordern würde, als sie bisher zur Verfügung stehen, da man zur Abwehr des Wassers Anlagen wie in Bergwerken benötigen würde.

Unter den Ergebnissen der 1923er Arbeiten verdient am meisten Aufmerksamkeit ein seltsamer, kleiner Fingerring mit den nebenstehend abgebildeten Inschriften auf der Außen-

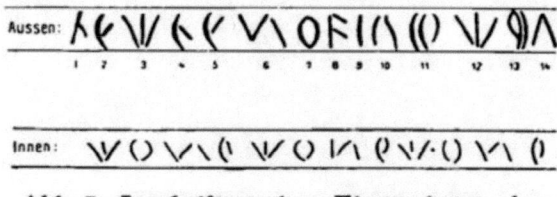

Abb. 5. **Inschriften eines Fingerringes,** der bei den Tartessosgrabungen gefunden wurde.

und Innenseite. Die merkwürdigen, unbekannten Schriftzeichen haben verschiedentlich eine auffallende Ähnlichkeit mit Runenbuchstaben. Ein Kenner der Runenschrift, Prof. G. N e c k e l von der Berliner Universität, bestätigt mir auf Anfrage ausdrücklich:

„Einige der Zeichen, die Sie mir unterbreiten, können Runen sein, so besonders das ⊨ in der ersten Reihe . Der Gesamtcharakter steht dem der Runen fern   Die Ähnlichkeit einzelner Zeichen mit Runen kann sehr wohl Zufall sein und gilt mir daher einstweilen für nichts anderes."

Es handelt sich also um eine durchaus unbekannte, bisher nicht zu entziffernde Schrift. Die dreimalige Wiederholung derselben Zeichen in der Schrift der Innenseite des Ringes läßt vermuten, daß eine Beschwörungsformel darin enthalten ist. Mehr läßt sich vor der Hand nicht sagen. — Was ist das nun für eine seltsame „rätselhafte Inschrift"? Die alten Iberer waren sonst der Schrift nicht kundig. Sollte hier vielleicht eine Probe der alten Schrift der Tartessier, der „Bewohner von Atlantis", vorliegen, deren Existenz uns bei alten Autoren bezeugt wird, von der wir aber im übrigen nicht das geringste wissen? Schulten hat geglaubt, diese Behauptung in einer besonderen Abhandlung über die Schriftzeichen[24]) mit ziemlich hoher Bestimmtheit aussprechen zu dürfen.

Bei den 1924er Grabungen glaubt man auch Spuren der vier Mündungsarme des Guadalquivir gefunden zu haben, die laut Bekundung einer uralten, auf das 6. vorchristliche Jahrhundert zurückgehenden „Periplus"-Reisebeschreibung[25]) südlich Tartessos vorhanden waren.

Fassen wir alles zusammen, so ist als Ergebnis der neueren Forschungen festzustellen: T h e o r e t i s c h ist Tartessos jedenfalls wiedergefunden worden, und dieses Tartessos hat die tatsächlichen Unterlagen für Platos Schilderung von dem Inselstaat Atlantis geliefert.

---

[24]) Adolf Schulten: Ein unbekanntes Alphabet aus Spanien; in „Zeitschrift der deutschen morgenländischen Gesellschaft" Bd. 78 (1924).

[25]) Sie hat Avienus um 400 n. Chr. nachweislich zu seinem uns erhaltenen Werk „Ora maritima" benutzt.